난 거짓말 절대 안 해!

DAS LÜGENBUCH. Die ganze Wahrheit über die Lüge
by Lucie Göpfert

All right reserved by the proprietor throughout the world
in the case of brief quotations embodied in critical articles or reviews.
Korean Translation Copyright © 2012 by DASAN Publishers House, Seoul
Copyright © 2012 by Kinderbuchverlag Wolff Gmbh, Frankfurt am Main

This Korean edition is published by mundt agency, Düsseldorf through
Bestun Korea Literary Agency Co., Seoul

이 책의 한국어판 저작권은 베스툰 코리아 출판 에이전시를 통해
저작권자와의 독점 계약으로 다산기획에 있습니다. 저작권법에 의해 한국 내에서
보호를 받는 저작물이므로 무단 전재와 무단 복제를 금합니다.

난 거짓말 절대 안 해!

우리가 알아야 할 거짓말의 모든 진실

루시 귑퍼트 지음 김영진 옮김

다산기획

"음식 남기면 나중에 지옥 가서 다 먹어야 해, 신발을 자꾸 바꿔 신으면 발이 짝짝이가 된다, 콜라나 커피를 많이 마시면 얼굴이 시커메진다, 단 거 너무 먹으면 배 속에 기생충 생긴다!"
그래요, 그렇겠죠. 텔레비전 많이 보면 눈이 네모가 될 테고…….
거짓말은 꼬리가 길면 잡혀요. 우리는 말도 안 되는 거짓말로 다른 사람을 속이기도 하고 때로는 자기 자신을 속이기도 해요. 하지만 거짓말하다가 큰코다칠 수도 있다는 사실만큼은 반드시 명심해야 해요.

거짓말은 왜 할까?

하루에 거짓말을 몇 번이나 할까?
거짓말은 목숨을 구할 수도 있어요
'절반의 진실'은 거짓말일까 진실일까
거 짓 말 이 없 었 던 적 은 없 어 요
거짓말 덕에 인생이 편해질 수도 있어요
어 쩔 수 없 는 거 짓 말
거 짓 말 을 꼭 해 야 하 는 경 우
거 짓 말 을 해 야 할 까,
진 실 을 말 해 야 할 까?

하루에 거짓말을 몇 번이나 할까?

　거짓말을 연구하는 학자들에 따르면, 사람들은 하루에 약 200번 정도 거짓말을 해요. 태어나서 죽을 때까지 단 한 번도 거짓말을 하지 않는 건 불가능하죠. 독일의 유명한 신문인 〈남부독일신문〉의 한 기자가 이런 시도를 한 적이 있어요. 40일 동안 거짓말을 하지 않기로 마음먹은 거죠. 그건 정말 힘든 일이었어요. 아주 작은 거짓말도 거짓말은 거짓말이니까요. "에잇, 돌에 걸려 넘어져라." 하고 악담을 퍼붓고 싶은 사람한테 상냥하게 웃으며 "좋은 하루 되세요." 하고 인사하는 것이 바로 작은 거짓말의 좋은 예죠.

　간단히 결론부터 말하면, 그 기자는 거짓말을 하지 않음으로써 큰 어려움을 겪었어요. 진실만 말하기로 한 40일 동안 가장 친한 친구와 싸웠고, 여러 사람과 말다툼을 했고, 아내는 단단히 삐쳤죠. 그도 그럴 것이, 아내가 "여보, 이 원피스 어때요? 나한테 어울려요?"라고 물었을 때, "당신은 너무 뚱뚱해서 그런 원피스 안 어울려!"라며 솔직히 대답해 아내의 속을 뒤집어놨거든요. 그럴 땐 "그 옷, 마름질이 좀 잘못된 것 같은데?"라면서 살짝 거짓말을 하는 편이 더 좋았을 거예요. 하지만 40일 동안 거짓말을 하지 않기로 했으니 어쩔 수 없었죠.

　기자는 거짓말 금지기간이 끝난 후, "남한테 피해를 주지 않고 오히려 도움을 줄 수 있는 거짓말은 아주, 아주 좋은 겁니다."라고 했대요. 수학 시험을 보러 가는 딸에게 "그냥 대충 보고 와. 공부도 안 했는데 성적이 좋게 나올 리 있겠니? 기껏해야 50점이나 맞을까?"라고 말하는 대신, "우리 딸, 힘내라! 넌 잘할 거야. 그리고 만에 하나, 시험을 좀 못 봐도 걱정할 거 없어."라고 격려해주는 거죠.

그러나 기자는 거짓말 금지기간에 나쁜 경험만 한 건 아니었어요. 진실만 말함으로써 좋은 경험도 했지요.

"앞으로 40일 동안 거짓말을 하지 않겠다고 하자 많은 동료가 날 피하더군요. 내가 내뱉는 진실 때문에 언짢아진 몇몇 동료는 더는 나를 상대하지 않았어요. 하지만 어떤 사람은 솔직한 의견을 들으러 일부러 나를 찾아왔어요. 내 말이 진심이란 걸, 내가 듣기 좋아하라고 입에 발린 말을 하지 않는다는 걸 알았기 때문이죠."

거짓말은 목숨을 구할 수도 있어요

사람들이 거짓말하는 이유는 대개 두려움 때문이에요. 가끔은 두려워서 자신의 정체성을 속이기도 하고요. 세상의 존경을 한 몸에 받는 어떤 교수님의 예를 볼까요?

교수님은 여덟 살 때 목숨을 구하려고 일생일대의 거짓말을 했어요. 어린 소년이었던 교수님은 아우슈비츠 강제수용소로 끌려가기 직전에 유대인이냐는 질문을 받았어요. 그때 교수님은 "아니요."라고 대답했고, 그 거짓말 덕분에 살아남았어요. 그건 아주 '결정적'이고 매우 '적절한' 거짓말이었죠!

거짓말은 삶의 소금 같은 거예요. 한 자밤 정도 살짝만 뿌리면 삶이 맛깔스러워지지만, 너무 많이 뿌리면 삶을 망쳐 버릴 수도 있어요.

'절반의 진실'은 거짓말일까 진실일까

　미국 속담 중에 '절반의 진실은 완전한 거짓말과 다름없다' 는 말이 있어요. 그래요. 일부만 거짓말이란 건 있을 수 없어요. 심지어는 뭔가를 숨기는 것도 거짓말과 한가지예요. 하지만 거짓말이 꼭 그렇게 나쁘기만 한 건 아니에요. 비록 목숨을 구하기 위한 거짓말만큼 절박하지 않다고 해도 말이에요. 세상에 누가, 엊그제 머리를 깎은 친구한테 이렇게 말하고 싶겠어요?
　"야, 너 머리 꼴이 그게 뭐냐? 진짜 안 어울려. 얼마 전에 잘생긴 승기조차 머리 모양을 바꿨더라. 게다가 그 힙합 바지는 또 뭐냐? 내가 다 창피하다."
　이럴 땐 차라리 아무 말도 하지 않는 게 훨씬 나을 거예요.

거짓말이 없었던 적은 없어요

　거짓말과 거짓말쟁이들은 세상이 시작되면서부터 늘 있었어요. 역사책에 쓰여 있는 얘기라고 죄다 사실이라는 법도 없고요. 실제로 고대에도 역사를 위조하는 방법이 최소 13가지나 있었대요. 시저의 연설과 콜럼버스의 전기, 성서의 일부, 이슬람 경전의 일부분도 위조되었죠. 전해 오는 말에 따르면, 위조자 단 한 명이 마호메트가 한 말을 4,000구절이나 위조했대요.

> 에구구, 부풀리기도 정말 힘들구나!

거짓말 덕에 인생이 편해질 수도 있어요

살다 보면 별로 즐겁지 않은 이야기를 해야 할 때가 있어요. 그럴 땐 있는 그대로 시시콜콜 다 말하지 말고 몇 가지는 빼고 얘기해 봐요. 예를 들어, 오늘 낮에 햄스터가 도망쳤던 일을 친구에게 얘기한다고 쳐 봐요.

"오늘 말이야, 내 햄스터 루디가 우리에서 빠져나왔지 뭐야. 다행히 다시 잡아 가뒀어."

어때요, 별일 아닌 것 같죠? 우리에서 빠져나온 햄스터가 컴퓨터 선을 죄다 갉아버렸고, 햄스터를 잡는 순간 꽃병이 바닥에 떨어져 산산조각이 났다는 말을 하지 않았으니까요.

사실을 있는 그대로 다 말하지는 않았지만, 그렇다고 순전히 거짓말을 한 것도 아니에요! 거짓말 반, 참말 반. 이게 바로 절반의 진실이지요.

어쩔 수 없는 거짓말

　가끔 일이 계속 꼬이는 날도 있어요. 방금 전에 가장 친한 친구랑 싸운 데다 400미터 달리기에서 밥맛없는 자랑쟁이 친구한테 져서 기분이 말이 아니에요. 그런데 하필이면 지금, 고모가 저쪽에서 걸어와요. 지금은 누구랑 대화를 나누고 자시고 할 기분이 아닌데 말예요. 그럼 여러분은 이런 힘든 상황에서 벗어나려고 변명을 늘어놓을지도 몰라요.

　"어, 고모! 근데 고모, 어쩌죠? 저 지금 빨리 집에 가 봐야 해요! 햄스터 쳇바퀴가 고장 나서 녀석이랑 산책하기로 했거든요. 안 그러면 걔, 너무 뚱뚱해질 거예요."

거짓말을 꼭 해야 하는 경우

이제 겨우 붓을 제대로 잡게 된 꼬마 여동생이 이상한 그림을 들이밀며 "이거 어때?" 하고 물어요. 종이 위에는 점 몇 개가 제멋대로 찍혀 있어요. 동생은 온몸에 물감을 묻힌 채 아주 자랑스러운 표정으로 나를 올려다보네요. 잔뜩 기대하면서요.

이럴 때 "현대 미술이구나!" 하고 칭찬하면 어떨까요? 뭘 그린 건지 도무지 알아볼 수 없는 그림이지만, 그렇게 말해주면 여동생은 아주 좋아할 거예요. 이제 막 그림 그리기를 배우기 시작한 아이니까요. 이럴 때는 거짓말을 해도 돼요. 아니, 반드시 거짓말을 해야죠!

거짓말을 꼭 해야 하는 경우는 더 있어요. 머리가 라면 발처럼 늘 곱슬곱슬했던 옆집 아저씨가 하루아침에 갑자기 대머리가 됐어요. 여러분은 속으로 '우왓, 이상해!' 하며 몸서리칠 테죠. 하지만 아저씨는 큰 병에 걸려 머리가 다 빠져 버린 건지도 몰라요. 그러니 아저씨를 만날 때마다 머리가 없어서 징그럽다고 솔직히 말하면 아저씨는 무척 슬프겠지요.

다른 사람의 감정을 다치지 않게 하는 건 아주 중요하답니다!

거짓말을 해야 할까, 진실을 말해야 할까?

우리는 거짓말과 진실 사이에서 어떻게 행동해야 할까요? 그럴 땐 다른 사람에게 진실을 말하는 게 좋을지 아니면, 거짓말을 하는 게 더 좋을지 판단해야 해요. 영국의 철학자인 버트런드 러셀이 이야기했던 상황 속으로 들어가 볼까요?

지금 우리는 시내 사거리에서 친구를 기다리고 있어요. 같이 축구 하기로 했거든요. 그런데 저쪽에서 갑자기 겁에 잔뜩 질린 여자가 달려오더니 모퉁이를 돌아 옆 골목으로 황급히 사라져요. 우리는 놀라서 여자가 사라진 쪽을 바라보며 계속해서 친구를 기다려요. 조금 있다, 어떤 남자가 뛰어왔어요. 손에 도끼를 든 그 남자는 엄청 흉악하게 생겼어요. 남자가 우리 앞에서 걸음을 멈추더니 여자가 어느 쪽으로 갔느냐고 물어요.

자, 이제 우리 차례예요.
이 남자에게 진실을 말하는 게 좋을까요,
아니면 거짓말을 해야 할까요?
한번 고민해 보세요.

좋은 거짓말, 나쁜 거짓말?

거짓말을 할 것이냐 말 것이냐,
그것이 문제로다!

우리는 거짓말이 무조건 나쁘기만 한 게 아니며, 때로는 거짓말도 필요하다는 사실을 알았어요. 하지만 그게 좋은 거짓말인지 나쁜 거짓말인지 명확하게 판단하기는 어려워요. 매번 어떤 상황인지, 누가 관련되었는지를 따져 봐야 하기 때문이에요. 거짓말은 어쩌다 필요해요. 하지만 거짓말하는 건 대체로 옳지 않아요.

거짓말을 할 것이냐 말 것이냐, 그것이 문제로다!

진실은 이따금 쓰라린 상처가 될 수 있어요. 하지만 진실을 말함으로써 복잡한 사연을 늘어놓거나 말도 안 되는 이야기를 지어낼 필요가 없지요. 오히려 거짓말이었다는 사실이 들통 나면, 속은 사람은 더 슬퍼할지도 몰라요. 모든 사람이 거짓말한 사람을 더는 믿지 않게 되거나, 같이 놀려는 친구가 없어 외톨이가 되거나, 놀림감이 될 수 있고요. 정말 유감스러운 일이죠!

거짓말을 점점 심하게 하다가 사기 범죄의 수준에 이르면, 거짓말한 사람은 감옥에 가야 해요. 거짓말로 다른 사람의 돈이나 물건을 손에 넣는 사람들 말이에요. 그러니까 나쁜 거짓말을 한다면 감옥행을 각오해야 할 거예요!

거짓말로 문제를 해결하려는 것은 좋은 방법이 아니에요. 한 번 거짓말을 시작하면 그걸 감추기 위해 계속해서 새 거짓말을 지어내야 하거든요. 게다가 거짓말을 자주 하는 사람으로 여겨지면, 아무리 진실을 말해도 다시는 믿어 주질 않는답니다.

아하! 어른들도 거짓말을 하는구나

아이는 언제 거짓말을 할까?
어른은 언제 거짓말을 할까?
역사에 남은 유명한 거짓말들

아이는 언제 거짓말을 할까?

아이들한테는 거짓말을 아주 많이 하는 시기가 있어요. 다섯 살 때쯤이죠. 이때는 거짓말을 정말 밥 먹듯이 해요! 하지만 여섯 살쯤 되면 반대로 진실만 얘기해요. 자기가 내뱉는 진실 때문에 다른 사람이 상처를 받아도 아랑곳하지 않죠. 진실과 거짓말이 다 중요하다는 것, 그리고 상황에 따라 어떤 말을 할지 결정해야 한다는 건 더 커야 깨달아요.

아이들의 거짓말은 가끔은 뭘 잘 몰라서 하는 거예요. 자기 생각이 정말로 옳다고 믿기 때문에 친구나 부모님께 거짓말을 하지요. 아이들은 자기가 진실을 말했다고 믿어요. 아직은 거짓말과 진실을 구분하지 못하기 때문에요.
하지만 자기 거짓말이 들통 나는지 안 나는지 시험해 보거나, 다른 사람들 앞에서 으스대려고 거짓말하는 아이도 있어요. 잘난 척하는 거지요!

어른은 언제 거짓말을 할까?

어른이 거짓말하는 이유는 다양해요. 창피해서 거짓말을 하기도 하고, 자신을 방어하거나, 그냥 편하자고 하기도 하죠. 집에서 꼼지락거리다가 약속 시간에 늦어놓고는 집에 급한 일이 있었다느니, 교통사고가 나서 차가 무척 막혔다느니 하는 엉터리 거짓말을 지어내지요.

어떤 어른은 뭔가를 얻으려고 일부러 거짓말을 해요. 더 좋은 일자리를 얻거나 지금의 일자리를 잃어버리지 않으려고 거짓말을 하기도 하고요. 자신의 실수를 숨기기도 하고, 다른 사람에게 잘못을 뒤집어씌우기도 하지요. 자기가 한 거짓말 때문에 다른 사람이 곤경에 빠지게 될 거라는 사실을 뻔히 알면서도요.

하지만 다른 사람을 보호하기 위해 거짓말을 하기도 해요. 자기가 말한 진실 때문에 다른 사람이 고통 받는 걸 원하지 않아서요. 사람들 대부분은 그게 거짓말인지도 모르고 곧이곧대로 믿지요! 하지만 슬픔과 눈물은 기쁨이나 웃음과 마찬가지로 우리 삶의 지극히 자연스러운 일부랍니다.

한편 아이들은 누가 자기를 속이려 들면 금방 눈치챌 때가 많아요. 어른들은 '아직 어리니까 거짓말인 걸 모를 거야'라고 생각하지만, 아이들은 뭔가 이상한 걸 느낌으로 알아요. 부모님의 부부 싸움을 예로 들어볼까요? 엄마아빠는 아이 앞에서 아무 일도 없는 것처럼 굴지만, 아이는 엄마와 아빠 사이에 팽팽한 긴장감이 흐르고 둘의 기분이 좋지 않다는 걸 정확히 눈치채요.

때론 부모로서 아이한테 고백하기 어려운 일들도 있어요. 솔직히 말하는 것이 부모 자신을 슬픔이나 분노의 감정 속으로 몰아넣거나 부끄럽게 만들기 때문에요.

엄마나 아빠가 일자리를 잃어 수입이 줄어들 경우, 부모님은 자신이 맞닥뜨린 어른들의 문제를 아이한테 털어놓는 데 큰 어려움을 느껴요. 아이 역시 부모의 말뜻을 알아듣는 데 어려움을 느낄 수 있고요.

역사에 남은 유명한 거짓말들

 사람들은 아주 오래전부터 진실과 거짓말이란 주제를 다뤄왔어요. 인류가 존재한 이래 거짓말이 없었던 적은 없으니까요. 그 가운데 몇몇 거짓말은 아주 유명해 역사에까지 남았지요!

 세상에서 가장 유명한 거짓말쟁이 중 한 사람은 당연히 뮌하우젠 남작일 거예요. 그 남작은 18세기 사람인데, 친구들한테 인기가 많았어요. 남작은 친구들을 초대해서 자기가 자기 머리칼을 잡아당겨 늪에서 빠져나온 이야기, 대포알을 타고 적의 요새로 날아갔다가 온 이야기 등, 스스로 지어낸 허무맹랑한 이야기들을 들려주었어요. 물론 사람들이 남작의 이야기를 전부 다 믿은 건 아니에요. 하지만 남작의 거짓말은 큰 사랑을 받으며 오늘날까지도 유명세를 타고 있답니다.

 어떤 거짓말들은 한참 뒤에야 그게 거짓말이었다는 사실이 밝혀지기도 해요. 〈콘스탄티누스 황제의 기부문서〉가 좋은 예이지요. 누군가가 그 문서를 위조해 콘스탄티누스 황제가 쓴 것처럼 했어요. 가짜 문서 덕에 교황 실베스테르 1세와 그의 후계자들은 아주 큰 힘을 누리게 되었고, 로마와 서방 제국의 지배권을 갖게 되었어요. 그 문서가 콘스탄티누스 황제가 죽은 지 500년 뒤에 쓰였다는 사실은 한참 뒤에야 밝혀졌지요.

인류의 역사를 살펴보면 나쁜 거짓말쟁이들도 많아요. 특히 독재자들이 거짓말을 많이 하지요.

히틀러는 폴란드가 독일을 침략했기 때문에 독일이 방어에 나섰다고 주장했어요. 히틀러는 1939년 8월 31일, "우리도 5시 45분부터 응사하고 있다."고 발표하면서 그 전쟁을 '방어 전쟁'이라고 불렀어요. 실제로는 전쟁을 일으킨 장본인이었으면서 말이에요. 독일이 4시 45분에 폴란드를 공격하면서 전쟁을 시작했지만, 히틀러는 국민한테 독일이 5시 45분에 반격을 시작한 것처럼 알린 거지요.

거짓말쟁이를 어떻게 알아낼까?

거짓말을 눈으로 볼 수 있으면 좋을 텐데!
거짓말인 걸 보여주는 신호들
경찰 / 탐정 / 판사 / 변호사 /
범죄자 / 마술사 / 점쟁이

목소리가 사이렌처럼 갈라지고

삐뽀
삐뽀

거짓말을 눈으로 볼 수 있으면 좋을 텐데!

거짓말인지 아닌지 알아차리려면 다른 사람의 몸짓 언어와 행동을 잘 관찰해야 해요. 몸짓 언어란 말이 아닌 몸짓이나 손짓, 표정 등 몸의 움직임으로 의사나 감정을 표현하는 걸 말해요. 몸짓 언어는 대개 무의식적으로 튀어나오기 때문에 그걸 통제하고 고치려면 꽤 많은 연습이 필요하죠. 따라서 거짓말인지 아닌지를 알아차리기 위해서는 상대방의 행동을 잘 눈여겨볼 필요가 있어요. 특히, 곤란한 질문을 받았을 때 곧바로 나타나는 반응이 어떤지 살펴보는 것은 아주 중요해요.

그런 반응은 굉장히 솔직한데, 유감스럽게도 아주 잠깐밖에 볼 수 없어요. 이 반응은 저절로 나타나요. 곤란한 질문을 받은 거짓말쟁이는 잠깐 화를 내거나 들통 났다는 듯 당황하지만, 금세 느긋한 표정으로 돌아가서 아무 일도 없었던 것처럼 굴지요.

우리는 상대의 얼굴을 유심히 들여다봐야 해요. 특히 눈과 입, 표정을 관찰해요. 상대가 손과 발을 어떻게 움직이는지, 그러니까 몸짓과 태도를 관찰하는 것도 중요해요.

거짓말인 걸 알려주는 신호 가운데 어떤 것은 알아차리기가 아주 힘들어서 그걸 잡아내려면 많은 연습과 훈련이 필요해요. 목소리의 높낮이가 변하는 것도 알아차리기 어려운 신호 중 하나죠. 하지만 연습을 많이 하면 상대방 모르게 흥미로운 사실들을 많이 알아낼 수 있어요.

거짓말인 걸 보여주는 신호들

하지만 이것이 거짓말의 신호일 수 있다는 뜻이지, 반드시 그런 건 아니에요. 뭔가 다른 이유 때문에 긴장하고 말을 더듬을 수도 있으니까요. 자기 이야기에 도취한 나머지 얼굴이 벌게지면서 땀을 흘릴 수도 있고요.

아주 노련한 거짓말쟁이는 자신의 거짓말을 진실처럼 들리게 하려고 도리어 그런 신호를 이용해요. 일부러 상대의 눈을 들여다보고, 말도 더듬지 않고, 긴장하지 않은 척하지요. 어느 정도 연습하면 그럴 수 있거든요. 그러면 이들의 거짓말은 알아내기가 더 어려워요.

우리는 상대방의 얼굴뿐만 아니라 손짓이나 몸짓에도 주의를 기울여야 해요. 손이나 다리가 떨린다든지, 긴장한 탓에 온몸에 힘이 들어간다든지 하는 건 표정을 꾸미는 것보다 훨씬 더 어렵거든요.

한편, 거짓말하려는 사람은 입에 발린 칭찬을 하지 않는 게 좋아요. 자칫 의심을 사기 쉽거든요. 이해할 수 없는 칭찬보다는 근거 있는 말에 더 믿음이 가는 법이니까요.

거짓말의 이런 특징들은 직업상 거짓말을 해야 하거나 거짓말을 밝혀내야 하는 어른들에게는 아주 중요해요.

브루노가 김 씨 아저씨의 자동차를 훔쳤을까요?

브루노 외에 누가 또 용의자일까요?

미래를 내다볼 수 있을까요?

지난 4주 동안 은행 다섯 군데를 연속으로 턴 은행 강도들은 누구일까요?

마술사는 조수의 몸을 정말 톱으로 잘랐을까요?

경찰

경찰은 우리가 길에서 강도를 당하면 어쩌나 하는 걱정을 하지 않게 사회의 안전과 질서를 지켜줘요. 교통질서를 확립하고 범죄사건을 해결하는 것도 경찰의 임무이지요. 경찰이 범죄사건을 해결하는 걸 '수사'라고 해요.

범죄가 발생하면 경찰은 범인, 즉 범죄를 저지른 사람을 찾아 나서요. 하지만 범인으로 지목된 사람, 즉 용의자는 대개 자신의 잘못을 인정하지 않아요. 따라서 경찰은 까다로운 질문을 하게 돼요. 바로 '심문'이라는 거예요. 경찰은 용의자가 거짓말하는지 진실을 말하는지 알아내려고 아주 교묘한 질문들을 던져요.

이 외에도 경찰은 용의자가 정말로 범죄를 저질렀다는 걸 증명하는 증거를 모아야 해요. 지문도 찾고 목격자에게 질문하기도 하지요. 목격자란 범인의 범죄 행위를 지켜본 사람을 말해요. 목격자는 옆집 사람이 될 수도 있고, 우연히 개를 데리고 산책하던 사람이 될 수도 있어요. 경찰은 잘못된 결정을 내리지 않도록, 그리고 죄 없는 사람이 벌을 받지 않도록 모든 증거를 아주 세심하게 조사해요. 따라서 사건이 낱낱이 밝혀질 때까지는 꽤 오랜 시간이 걸려요.

살금살금

탐정

탐정에게는 사건을 의뢰해야 해요. 탐정 사무소로 찾아가 자신이 원하는 걸 부탁하는 거지요. 금고에 넣어 둔 돈이나 장신구를 도둑맞았을 때, 오래전 친구를 찾고 싶을 때, 사람들은 탐정을 찾아가요. 탐정도 경찰처럼 증거를 찾아야 해요. 사진을 찍거나 목격자를 찾아 질문을 해요.

그러다가 금고털이 같은 범죄 행위를 발견하면, 탐정은 자기가 수집한 증거들을 경찰에게 넘겨요. 그럼 경찰이 용의자를 체포하지요. 용의자는 법정에 세워지고 법정에서 유죄인지 무죄인지가 결정되어요.

판사

판사는 법원에서 일해요. 범죄를 저질렀다고 여겨지는 사람이 유죄인지 무죄인지를 결정해요. 판사는 중립을 지켜야 해요. 오로지 증거로만 결정을 내리지요. 판사는 어떤 사람이 더 마음에 들어도 그 사람에게 더 큰 호의를 베풀어서는 절대로 안 돼요.

경찰이 판사에게 사건을 제출하면 재판이 열리는데, 재판에서 진술하는 사람들은 법정에서 사실만을 말하겠다고 선서해야 해요. 그렇게 선서하고 나서도 거짓말을 하면 무거운 벌을 받게 되지요.

판사는 판결을 내릴 때 배심원의 도움을 받아요. 옳은 판결을 내리는 건 여간 어려운 일이 아니거든요.

변호사

　변호사는 법정에서 사람들을 도와줘요. 변호사는 법에 대해 정확히 알고, 법정에서 사용하는 어려운 전문 용어와 복잡한 표현들을 잘 이해해요. 재판에서는 양측이 모두 변호사를 둘 수 있어요. 즉, 도둑질을 당한 피해자뿐만 아니라 도둑질을 한 피고도 변호사를 고용할 수 있어요.

범죄자

　범죄자는 직업이 아니에요. 범죄자는 다른 사람에게 피해를 주며 살아가지요. 남의 돈이나 귀중품을 훔치고 사람들을 위협하고 협박해요. 범죄자는 뻔뻔스럽고 교활하고 잔인해요. 양심의 가책 따위는 느끼지 않아요. 늘 경찰을 피해 다니고, 범행을 저지를 때 들키지 않게 조심하지요.

　그러다 붙잡히면 범죄자는 경찰을 속이려 들어요. 그러면서 자기에게 불리한 증거가 발견되지 않기를 바라지요. 하지만 증거가 발견되면 법정에서 유죄 선고를 받고 처벌을 받아요. 심할 경우, 수년 동안 감옥살이를 해야 하지요.

마술사

    마술사란 직업도 거짓말과 관련이 있어요. 마술사는 환상을 꾸며내요. 그래서 관객들은 마술사가 모자에서 토끼를 튀어나오게 하고 톱으로 사람을 자를 수 있다고 믿어요. 하지만 그건 시각, 청각, 후각, 미각 등 인간의 감각을 이용한 속임수에 불과해요.
    마술사는 이런 속임수를 쓰기 위해 이따금 아주 복잡한 설비와 기계가 필요해요. 물론 연습도 많이 해야 하고, 손재주도 좋아야죠. 그래야 마술이 관객들에게 제대로 먹혀들어갈 테니까요.

점쟁이

　점쟁이는 수정 구슬, 운세 카드, 커피 찌꺼기, 손금 등으로 다른 사람의 미래를 점칠 수 있어요. 하지만 어떤 사람의 미래가 정말로 점쟁이가 말한 대로 되는지는 알 수 없어요.
　대부분의 어른은 점쟁이를 거짓말쟁이라고 생각해요. 점쟁이가 사용하는 방법은 과학적으로 증명할 수 없거든요. 그리고 점쟁이가 하는 말은 누구한테나 다 맞을 만큼 굉장히 모호해요.

거짓말 탐지기

어떤 사람이 거짓말을 하는지 안 하는지를 알아낼 수 있는 기계가 있어요. 거짓말 탐지기예요. 전문 용어로 폴리그래프나 다원기록기라고 하지요.

거짓말 탐지기의 작동원리는 이래요. 먼저 전선으로 용의자의 몸과 기계를 연결해요. 손가락 끝이나 뭐 그런데다가요. 그러고 나서 용의자에게 질문을 던져요. 거짓말 탐지기는 용의자가 어떻게 반응하는지 보려고 먼저 이름과 생일, 사는 곳 등 잘 아는 것부터 질문해요. 그다음 용의자가 저질렀다고 여겨지는 범행에 관한 것들을 물어요.

거짓말 탐지기는 질문하는 동안 피부에서 나오는 땀의 양과 호흡수, 맥박수 등을 재요. 거짓말을 하면 이 수치들이 높아져요. 평소보다 땀을 많이 흘리고, 달리기라도 한 것처럼 호흡이 가빠지고, 심장 역시 빨리 뛰죠. 질문이 다 끝나면 검사자는 용의자가 몇 번이나 거짓말을 했는지 보려고 얻은 자료를 살펴요.

하지만 거짓말 탐지기의 결과를 다 믿을 수는 없어요. 어떤 사람은 거짓말 탐지기 검사를 받아야 한다는 사실만으로도 흥분해 평소보다 땀을 더 많이 흘리거든요. 심장 박동도 더 빨라지고요. 그러면 사실을 말해도 결과는 거짓말을 한 것처럼 나타나지요.

뻔뻔스러운 범인은 거짓말 탐지기를 속일 수도 있어요. 범행을 저지르고도 조금도 죄책감을 느끼지 않으면 범행에 관련된 질문을 받아도 전혀 당황하지 않죠. 그러면 거짓말 탐지기는 반응하지 않고, 그 결과 범인은 무죄인 것처럼 보이죠.

거짓말 탐지기가 진실을 밝혀내는 비율은 10사건당 약 7건 정도밖에 되지 않아요. 즉, 3건은 결과가 잘못 나온다는 얘기예요! 그래서 한국이나 독일 등 여러 나라에서는 거짓말 탐지기 결과를 법정 증거물로 사용할 수 없어요.

거짓말 탐지기와 비슷한 원리로 작동하는 기계들은 여러 종류가 있지만, 그 어떤 기계도 거짓말쟁이를 100퍼센트 확실하게 밝혀내지는 못해요.

하지만 100퍼센트 확실한 인간 거짓말 탐지기가 있어요. 바로 우리들 엄마예요!

엄마들은 우리가 거짓말하면 거의 언제나 알아차려요. 아무리 잘 궁리해서 거짓말을 하더라도 말이에요!

그렇다고 엄마들이 우리 생각을 읽을 수 있는 건 아니에요! 그런데도 우리 속을 훤히 들여다볼 수 있는 건 엄마가 세상에서 우리와 가장 친밀하고, 우리를 가장 오랫동안 알아온 사람이기 때문이에요. 우리가 엄마 배 속에 들어 있었을 때부터 말이에요.

거짓말, 거짓말, 어디에나 거짓말

식　물　의　　　거　짓　말
동　물　의　　　거　짓　말

거짓말은 사람만 하는 게 아니에요. 동물과 식물의 세계에도 위장술과 속임수가 있답니다.

난초 가운데에는 말벌이나 호박벌 또는 파리 암컷이 꽃 위에 앉아 있는 것처럼 보이는 종류가 있어요. 꽃잎에 그려진 무늬가 이 곤충들의 암컷과 비슷하지요. 더욱이 이 난초들은 암컷 곤충한테서 나는 향과 비슷한 냄새를 풍겨요. 그래서 수컷 곤충들이 꽃으로 날아들죠. 암컷처럼 보이는 꽃잎에 내려앉았던 수컷들은 자기도 모르는 사이에 꽃가루를 다른 꽃으로 옮겨요. 그래서 주위에서 새 난초가 가득 자라게 되지요.

한편, 곤충을 잡아먹는 식물들도 있어요. 식충식물 또는 벌레잡이 식물이라고 해요. 벌레잡이 식물들이 곤충을 먹으려면 먼저 곤충부터 잡아야 해요. 하지만 식물들은 걷지도 날지도 못하기 때문에 속이는 수밖에 없어요. 벌레잡이 식물들은 곤충들의 군침이 돌게 하는 냄새를 풍겨요. 썩은 고기 냄새 비슷한데, 다행히 인간들은 그 냄새를 거의 또는 전혀 맡지 못해요. 하지만 파리나 거미 같은 작은 곤충들은 이 냄새에 끌려 함정에 빠져요.

벌레잡이 식물들이 곤충을 잡는 방법은 다양해요. 끈끈이주걱 같은 식물은 곤충을 들러붙게 하고, 파리지옥풀 같은 식물은 곤충이 날아와 앉자마자 잎을 갑자기 닫아 버려 도망가지 못하게 해요. 또, 통 같은 게 달려 있어서 곤충이 빠지면 다시는 빠져나기지 못하게 하는 식물도 있어요. 벌레잡이 식물들은 이렇게 붙잡은 곤충들을 소화해 버려요. 잡아먹는다는 얘기지요.

동물들도 이익을 보려고 속임수를 써요. 예를 들어 랑구르 원숭이들 사이에서 벌어진 일을 볼까요. 다리를 다친 수컷 원숭이가 개들이 떼거리로 몰려오기라도 하는 것처럼 소리를 질러 위험신호를 보냈어요. 그러자 다른 원숭이들은 모두 나무 위로 재빨리 도망쳤어요. 덕분에 그 교활한 수컷 원숭이는 맛있는 음식을 혼자 차지했지요.

난 벌이야!

대부분의 수컷 동물들은 암컷들 앞에서 자기가 가장 크고 힘세고 멋진 척해요. 암컷에게 강한 인상을 줘 끌어들인 다음 짝짓기를 하기 위해서죠. 그래서 허약한 수컷은 강한 수컷이 잠깐 한눈을 파는 사이, 암컷을 빼앗아 달아나기도 해요.

북극토끼들은 일 년 내내 눈으로 뒤덮여 있다시피 한 북극에 살아요. 털 색깔이 하얘서 하얀 눈밭에서는 잘 보이지 않지요. 북극곰들은 물고기만 먹는 게 아니라 토끼를 잡아먹기도 하는데, 토끼들은 몸 색깔로 자신을 보호해요.

동물들 가운데서 거짓말을 제일 잘하는 건 뭐니 뭐니 해도 침팬지들이에요. 학자들은 침팬지들이 일부러 거짓말한다는 사실을 알아냈어요. 침팬지 중에는 인간의 수화를 배운 녀석도 있어요. 수화는 듣거나 말하지 못하는 사람들이 사용하는 언어예요. 말 대신 손짓으로 자기의 뜻을 전달하죠.

　수화를 배운 침팬지 한 마리가 동물원 우리에 앉아 있었어요. 사육사가 우리를 청소하다가 잠깐 자리를 비웠어요. 침팬지는 혼자 남았다고 생각했지만 사실은 학자들이 몰래 지켜보고 있었죠. 침팬지는 우리 안을 이리저리 뛰어다니면서 장난치기 시작했어요. 그러다가 그만 양동이를 넘어뜨려 우리 안을 물바다로 만들었죠. 잠시 후 우리로 돌아온 사육사가 침팬지에게 누가 양동이를 쓰러뜨렸느냐고 수화로 물었어요. 그러자 침팬지는 우리에 온 적도 없는 다른 사육사에게 죄를 덮어씌웠어요. 어때요, 정말 약삭빠르죠?

거짓말은 인간 세계든, 동물 세계든, 식물 세계든 어디나 있어요. 그리고 우리 모두는 거짓말을 해요. 그것도 매일요!

누가 자기는 절대 거짓말을 안 한다고 우긴다고요? 하, 그럼 그 사람은 그 순간에 이미 거짓말하는 거예요.

자, 이제 거짓말에 대해 전부 다 알았죠? 아니라고요? 그래요, 물론 아닐 테죠. 이 책의 제목 역시 작은 거짓말이었으니까요.

거짓말에 대한 진실은 이 책에 나온 것 말고도 더 많아요. 다른 진실들은 이제 여러분이 한번 찾아보세요. 아니면 그럴듯한 진실을 꾸며내 보든지요…….

지은이 **루시 큅퍼트**

독일에서 태어나, 킵슈타인 예술대학에서 공부했습니다. 프리랜서 일러스트레이터로 일하며, 어린이 책 『고양이와 고양이』에 그림을 그렸고, 어린이와 부모를 위한 여러 잡지에 그림을 그리고 있습니다. 너구리와 판다, 개구리와 올빼미, 펭귄 등 재미있는 동물들을 사랑하고, 그런 동물들 그리는 것을 좋아합니다.

옮긴이 **김영진**

경기대학교에서 영어영문학을, 독일 본 대학에서 영-독, 한-독 번역학을 공부했습니다. 자브뤼켄 대학에서 번역학 박사 과정을 수료하고 현재 본 대학에 출강하며 어린이와 청소년을 위한 좋은 책을 찾아 우리말로 옮기고 있습니다. 옮긴 책으로 『크리스마스 캐럴』 『행복한 파스타 만들기』 『두 개의 달 위를 걷다』 『정어리 같은 내 인생』 『마술사의 코끼리』 『엄청나게 시끄러운 폴레케 이야기』 등이 있습니다.

난 거짓말 절대 안 해

초판 인쇄 2012년 9월 25일
초판 발행 2012년 10월 5일

지은이   루시 큅퍼트
옮긴이   김영진

펴낸이   진선희
펴낸곳   도서출판 다산기획
등록   제313-1993-103호
주소   (121-841) 서울 마포구 서교동 451-2
전화   02-337-0764
전송   0505-115-0764

ISBN   978-89-7938-073-6 73100

* 잘못 만들어진 책은 바꿔 드립니다.